斎藤一人
人生も仕事も思いどおりにする魔法の法則

舛岡はなゑ 著
Hanae Masuoka
ひらいみも 絵

JN237127

PHP研究所

はじめに

こんにちは。舛岡はなゑです。

私が、累積納税額日本一の実業家、斎藤一人さんと知り合ってから、二十年以上になります。一人さんと知り合ったころ、私は「十夢想家《トムソーヤ》」という喫茶店をやっていました。そのころから一人さんにいろいろ教わり、もっともっとたくさん教えてもらいたいと、一人さんが創業した健康食品、自然化粧品の会社「銀座まるかん」の仕事を始めるようになりました。そこで一人さんの教えを実践して商売をしたところ、なんと江戸川区の高額納税者に名前を連《つら》ねるようになりました！

この本は、一人さんから教わったことを忠実に書いたものです。私も目からウロコが落ちたように、この本を読めば、きっとあなたの目からもウロコが落ちます。ウロコのとれた真実を

見る目で、世の中を見てみると、これまでと違う、まったく新しい、素晴らしい世界が見えてきます。
サラリーマン、主婦、学生、店主……職業、性別に関係なく、本当に読むだけで頭がよくなり、人生観が変わる本です。
ここに書いたことが一度に全部できなくてもいいんです。なんでもいいから、できそうなことから始めてみてください。成功も、幸せも手にすることができるはずです。

あなたにすべての良きことが雪崩《なだれ》のごとく起きます！

二〇一一年九月

舛岡はなゑ

斎藤一人 人生も仕事も思いどおりにする魔法の法則 目次

第1章 これでだれでも成功する

修行
鈴木の滝

はい！

1番
最初に…!!

心配
不安
大丈夫
不安
大丈夫

第2章 これでだれでも豊かになれる

わあ 素敵!
ありがとう

第１章
これでだれでも成功する

出世の秘訣は「はい！」という返事と、ピカリンと光る笑顔

もしあなたが上司か先輩だとして、
笑顔で「はい、わかりました！」と
言ってくれる部下には、
ついつい仕事を頼みたくなりますよね。
反対にムスッと不機嫌な顔をしている
部下や後輩には、頼みにくいものです。
その結果、感じのいい人は、
どんどん仕事を与えられて
実力をつけていき、
不機嫌な顔をしている人は、
仕事が与えられず、
実力をつけることができません。
出世するには、当然実力が必要です。
実力をつけてくれるのが、
「はい！」という返事と、
ピカリンと光る笑顔。
これさえあれば、
いやでも出世してしまいます。

忙しいときでも、まず「わかりました」

仕事を頼まれたら、たとえそのときほかの仕事で手一杯でも、「はい!」と元気よく返事をしましょう。

すぐに、できない理由を言うのは、いけません。

「はい、わかりました。実は今、こういう状況なのでその仕事は○時ごろから始めることになりますが、よろしいですか?」

こう聞けばいいのです。間違っても、

「えー」なんて不機嫌な声を出してはいけません。

終わったら、「ほかに何かありますか?」

頼まれた仕事が終わったら、
あなたはなんと言いますか?
「終わりました」だけでは不十分。にっこり笑って、
「ほかに何かありますか?」と聞きましょう。
何もしないでボーッとしてるなんて
もったいない。
成功のチャンスをみすみす手放しているのと同じです。

女は愛嬌、男も愛嬌

顔が合ったらニッコリほほ笑んでくれたり、すれ違うとき、ニコッと笑いかけてくれる人、素敵ですよね。

そんな人はみんなに好かれます。

みんなに好かれたら、職場は楽しくなりますよね。

女は愛嬌、男だって愛嬌が大事です。

こぼれるような笑顔と、
愛があふれるやさしい目……

これが愛嬌です。

毎日鏡の前で、こぼれるような笑顔の練習をしてみましょう。

そのうち、それがクセになって意識しないでも笑顔になります。

愛があふれるやさしい目は、
だれにでもやさしくすることで養われます。目は心の窓。

みんなにやさしくしてくださいね。

やさしいまなざしの作り方

ウエイトレスさんに

レストランなどで、お水を
持ってきてもらったり、
料理を運んでもらったら、
「ありがとう」。
「オレは客だ」なんて
いばった態度をとっていると
やさしいまなざしは作れません。

電車の中で

席に座っているとき、お年寄りや妊婦さん、
体の不自由な人に気づいたら、
席を譲《ゆず》ってあげましょう。
親切にすると、その日一日いい気分。
だからといって、親切にできなかったとき
自分を責める必要はありません。
次にやればいいだけです。

部下や後輩に

自分のほうが偉いんだと
いばっていては嫌われるだけ。
楽しく仕事できないし、
いざというとき
助けてもらえないかもしれません。
出世しても、やさしさを忘れずに。

いつも感謝の言葉を

仕事は一人ではできません。
あなたがトップセールスマンだとしても、
経費の精算をしてくれる人や
オフィスをいつもきれいに保ってくれる人など
さまざまな人の協力のおかげで、
今の成績となっているのです。
だから、いつも感謝の気持ちをもって
仕事をしましょう。
仕事が面白くないという人は、
感謝の気持ちが足りないのかもしれません。
「私たちが気持ちよく仕事ができるように
毎日掃除をしてくれる人がいる」と思ったら、
「よーし、今日もがんばろう」と思えますよね。
トイレにいつもトイレットペーパーがあるのも
補充してくれる人がいるから。
当たり前と思っていることを見直すと、
感謝したいことがいっぱい。
「ありがたいな」と思ったら、「ありがとう」と口に出して言いましょう。

うまくいったときは「みなさんのおかげです」

プロジェクトが成功したとき、
「うまくいったのはオレのおかげ。オレの実力」
などという顔をする人がいます。
こんな人はみんなから好かれないし、
神様からも見放されます。
たとえあなたがリーダーだったとしても、
スタッフががんばってくれたからうまくいったのです。
「ありがとうございます。みなさんのおかげです」
勝てたとき、うまくいったとき、
この言葉を言える人は、次も成功する人です。

ライバルに負けたときは、相手を称《たた》えて

負けたとき、「あのとき、ああだったら、
こうだったら」と、グズグズ言い募《つの》り、
挙句、「あいつがあのとき、
あんなことをしたから」
などと他人に責任転嫁するような人は、
自分の非を素直に認められるまで、
神様は何度も失敗させてくれます。
負けたとき言うべきセリフはただ一つ、
「本当に素晴らしかった。
おめでとうございます」
と、相手を称えるセリフです。
これが言えれば、
次の成功はあなたのものです。

成功への道は幸せになること

不機嫌な顔をしている人が
店番をしているお店と、
いつもニコニコ笑顔で
感じがいい人がいるお店があります。
あなただったら、
どちらのお店に行きますか?
当然感じのいいお店ですよね。
お客さんが来なくて暇だと、
ブツブツ不平不満を言っていたり、
ちょっと忙しいと不機嫌な顔をしたり、
そういうお店には、
お客さんは行きたくありませんよね。
でも、そういうお店が意外と多いのです。

みんなが行きたいのは、
幸せのおすそ分けを
してくれそうなお店です。
人に幸せをおすそ分けするには、

まず自分が幸せになることです。
そのためには声に出して、
「幸せ、幸せ」と笑顔で
言ってみることです。
20回も言っていると、
不思議なことに、おなかの中から
幸せになってきます。
これでお店を始める準備ＯＫです。
きっとお客さんが押し寄せる
お店になりますよ。

お客さんが来ないお店は、
あなたがお客さんだったら
行かないお店。
人を見るような目で、
自分を見る。
人のお店を見るような目で、
自分のお店を見る、
これができれば、
仕事が成功したのと同じですよ。

どんなときでも「幸せ」と言おう

朝起きられて幸せ

朝、目覚める……。これはあなたが生きているという証拠。
こんなに幸せなことはありません。
朝起きたら、窓を開け、お日さまの光を体いっぱいに浴びながら、
「ああ、幸せだなあ」と言ってみましょう。
やる気がもりもりわいてきます。

仕事ができて幸せ

働けるところがあるって、本当に幸せなこと。
それだけであなたは、たいへんな幸せ者です。
毎日働けることに感謝の気持ちをもてば、

いっそうやりがいが出てきます。

コーヒーがおいしくて幸せ

コーヒーやお茶を飲みながら
ほっとひと息。幸せを実感するのは、
こんな時間では?
「幸せだな」と思ったら、
「ああ、幸せ」と声に出して言いましょう。
幸せな気持ちが倍増します。

みんな元気で幸せ

毎日職場に集まる決まった顔。
昨日と変わらぬ1日が始まるというのは、
奇跡的なことだと言っても過言ではありません。
人間関係で、多少摩擦があっても、
それが生きているということ。
私たちは、人間関係を学ぶために
生まれてきたのです。
好きな人にも、苦手な人にも会えるということが
修行をしていることなのです。

成功と苦労は別物

成功するために何より大事なことは
楽しんで仕事をすることです。
「これは絶対いいものだから
一人でも多くの人に使ってもらいたい」
「これが完成したら、どれだけ多くの人に
喜んでもらえるだろう」
そんなことを考えながら
仕事をしていたらワクワクして、
たとえ睡眠不足の毎日が続いても
つらさなんか感じないはずです。
だったら、それは楽しみであっても、
苦労ではないですよね。
私も、尊敬する一人さんの商品を
「どうやって広めよう」と考えるのが
楽しくて……。一つでも買ってもらえると
うれしくて……。楽しい、うれしい、幸せと
言っているうちにここまできてしまいました。
だから、成功は苦労から生まれるんじゃないんです。

仕事には呼ばれるもの

「やりたいことが見つからない」
「本当はもっと違うことをやりたかった」
などと言う人がいます。
でも、一人さんはこう言います。
「仕事には呼ばれるもの。
その仕事にあなたが必要だから、
呼ばれたんだよ」
そう言われてみたら、自分にできそうな
仕事が、あそこにも、ここにも……。
それはあなたのために用意された仕事です。
全力を傾けてやってください。
そうするうちに仕事が楽しくなり、
「この仕事は天職かもしれない」
と思えるようになるでしょう。
初めは自分に全然合っていないように
思えても、それはあなたが自分の力を
わかっていないせい。
今の仕事に全力で取り組んでみてください。

もったいない人

世の中には「もったいない人」がいるものです。
一人さんは何冊も本を書いています。
ときどき人に、
「この本がいいから読んでごらん」と勧めることがあります。
そうすると、
「はい。もうとっくに読んでます。とてもいい本でした」
と言われることがあります。
そんな人に一人さんは言います。
「もし本を読んで、
『ああ、ためになったな』
と思ったら、
『あの本、読みました。とてもよかったです』
と言ってくれたらいいのにね。
読んでくれていても、

黙っていたら、読んだかどうか
わからない。
こちらが勧める前に
『本、読みました。感動しました』
と言ってくれたら、
その人の好感度は何十倍もあがるのに、
もったいないよね」
本を読むことも大切だけど、
「読みましたよ」と報告することが
もっと大切。
仕事も、引き受けたら、
「終わりました」という報告が大切です。
「この前頼んだ仕事、どうした?」
「3日前に終わってます」じゃあ、
仕方がない。
いい報告は1秒でも、早く。
それがあなたの価値を高めます。

「ありがとう」と言っていますか？

コピーをとってもらったら

コピーをとるのは部下の仕事。そう思って、何も言わずに受け取っていませんか？

何かをしてもらったら、お礼を言うのは当たり前のこと。

「ありがとう」のひと言で、職場の人間関係は画期的に変わります。

メッセージを伝えてもらったら

「外出中に、〇〇さんから電話がかかってきました」という伝言を受けることがありますね。

こんなときも「ありがとう」。

もし、同じ人から何度も電話をもらっていたら、

「何度もお電話をいただいて
すみません」というひと言を。
ちゃんとメッセージを
伝えてもらったと、
電話を受けた人の仕事を認める
ひと言にもなります。

お茶を入れてもらったら

あまりにも日常的なことになると、
ついお礼を言うのを忘れがちに。
職場でも、家庭でも、お茶を入れてもらったら
「ありがとう」を忘れずに。

掃除をしている人にも「ありがとう」

一人さんは本当に、
いろいろな人にお礼を言います。
道路工事の人にも、
サービスエリアでトイレの掃除を
している人にも。
オフィスの掃除をしてくれている人にも
「いつもありがとうございます」
と言ってみましょう。
不思議なことにお礼を言うと、
言われた人も、言った人も、
心がぽっと温かくなります。

「感謝してます」は、人間関係を劇的に変える魔法の言葉

「感謝してます。まるかんです」
「まるかん」に電話をかけると、
必ずこんな挨拶をされます。
初めて「まるかん」に電話した人は
驚くようですが、私たちの挨拶の言葉は
「感謝してます」。
一人さんによると、とてもパワーのある
言葉なのだそうです。
職場でも、ぜひおすすめしたい言葉です。
職場から帰るとき、
「今日はありがとうございました。
感謝してます！」、
上司から注意されたとき、
「アドバイス、ありがとうございました。
感謝してます！」などと言えば、
最初はちょっと驚かれるかもしれないけれど、
「いい子だな」と思われること、確実です。
ぜひ使ってみてください。

「ありがとう」のあとに「感謝してます」

いきなり「感謝してます」と言われたら、
驚かれるかもしれません。
だから、おすすめしたいのは、
「ありがとうございます」のあとに
「感謝してます」と続けること。
たとえばタクシーから降りるときに、
「ありがとうございました。
感謝してます！」
ね、これなら言いやすいでしょう。

意地悪な上司に「感謝してます！」

一人さんのお弟子さんの一人、
遠藤忠夫さんが自動車教習所の
教官をしていたころ、
上司に意地悪をされていたそうです。
挨拶しても無視。仕事の評価も低くて、
だからボーナスも少なめ。
悩む忠夫ちゃんに一人さんが
アドバイスしたのは、
「『感謝してます』と言えばいいんだよ」。
でも、苦手な人に「感謝してます」とは
なかなか言えませんよね。
何日か悩んだ挙句、
やっとの思いで言うと、
それから上司の態度が変わり、
飲みに誘ってくれたり、
やりたい仕事をさせてくれるようになりました。
あなたも苦手な人がいたら、試してみてください。
「感謝してます」は、魔法の言葉です。

リストラされても「感謝してます」

リストラされたりしたら、
つい会社の悪口を言いたくなりますよね。
そんなときでも、
「今まで雇ってくれてありがとうございます。
本当に会社には感謝しています」と
言った人がいます。
その人は、リストラされても、すぐ次の
就職先が見つかったとか。
ウソみたいでしょう。
でも、本当の話なんです。

1日1回、天国言葉セットを

「愛してます」
「ついてる」
「うれしい」
「楽しい」
「感謝してます」
「幸せ」
「ありがとう」
「許します」
これらの言葉は、私たちが
「天国言葉」と呼んでいるものです。
これを1セットとして、
毎日10セット言ってください。
トイレでも、入浴中でも
かまいません。
なんだかワクワクして、
楽しくなって、
いやなことなんか
考えられなくなります。

落ち込んだときにも天国言葉セットを

失敗したりすると落ち込みますよね。
それは仕方がありません。
だけど、いつまでも落ち込んでいても
なんにもなりません。
いつまでもクヨクヨしてないで、
気分を切り替えることが大切。
なかなか気分が切り替わらなかったら
天国言葉セットを言いましょう。
なんだか元気が出てきて、
前向きに考えられるようになります。
八方塞《ふさ》がりに思えて、
どうすればいいかわからなかったときでも
アイデアがひらめいて解決に向かいます。
天国言葉には、こんな力もあるのです。
さらに、そんなに落ち込むこともなくなります。
もちろん天国言葉は1日何度でも、
言っていいのです。
言えば言うだけ幸せになります！

言ってはいけない地獄言葉

言えば言うだけ幸せになる天国言葉がある一方、
言えば言うだけ不幸せになる言葉があります。
それが地獄言葉。
「恐れている」
「ついてない」
「不平不満」
「グチ・泣き言」
「悪口・文句」
「心配ごと」
「許せない」
などがそれです。
成功したい人、豊かになりたい人は、
決して使ってはいけません。
いつも天国言葉を使っていると、
周りも天国言葉を使う人ばかりになり、
あなたの周りが
キラキラ輝いてきます。

地獄言葉を聞かされたら

人の悪口を聞かされたら、
笑って聞き流して、その場を立ち去るのがベスト。
仲間外れにされるかもと心配して、
悪口につきあう必要はありません。
一人さんいわく、世の中には「類友の法則」
というものがあって、似たような仲間が集まります。
悪口を言わなければ、そういうことを言わない人たちが
あなたの周りに集まってきます。
その人たちと友だちになればいいだけです。

天国言葉を使っているのに成功しない……

そういう人は天国言葉を言いながら、
地獄言葉も使っているのです。
「私は天国言葉を使っているのに、周りは
地獄言葉ばっかり」なんて……。
こんなグチも地獄言葉。
地獄言葉を使っている人に、
「そういうことは言わないほうがいいよ」と
教えてあげて、自分も地獄言葉を
言わないようにすればいいのです。

入れてくれた会社がいい会社

「本当は違う会社に入りたかった」なんて言っている人、
そんな感謝のないことを言っていては
幸せになれないし、成功もできません。
入れてくれた会社こそが、あなたの力を認めてくれた会社。
あなたが力を発揮できる会社なのです。
文句を言っていたら、入れてくれた会社に失礼だし、
会社からも「入れて失敗だったかも」と思われますよ（笑）。

ほめて、ほめて、ほめよう！

上司とも同僚とも
うまくいっていないという人、
みんなをほめていますか？
そんなゴマスリみたいなこと、
できないって？
確かに特定の人だけほめると
ゴマすりのように
見えてしまうかもしれません。
だから、みんなをほめればいいのです。
ほめられて
いやな気持ちになる人はいません。
全員をほめられる人は、器量の大きい、
会社にとって
大切なムードメーカーです。
あなたがほめだすと、
みんながニコニコし始めて、
職場が明るくなりますよ！

まずは笑顔で挨拶

とはいえ、それまで全然ほめたことがない人がいきなりほめだすと、「どうしちゃったんだ？」なんて思われてしまうかもしれません。ほめるほうも慣れていないし……。

そこでまず最初は、笑顔で挨拶。「おはようございまーす！」と元気に声を出すことから始めましょう。口の中でもごもごと言うだけではダメですよ。元気に、笑顔で挨拶です。

身につけているものをほめる

ほめることでいちばん簡単なのは、感じたままをほめることです。

きれいな色のシャツを着ていたら、「きれいな色のシャツですね」、素敵なネクタイをしていたら、「素敵なネクタイですね」。

感じたままを思い切って言ってみましょう。

あなたの人生が劇的に変わります。

笑顔をほめる

これは一人さんのお弟子さんの一人、みっちゃん先生の得意ワザです。

笑顔であろうとなかろうと、とにかく「笑顔が素敵ですね」。

不思議なことにこう言うと、みんな、パーッと笑顔になるんです。

「部長、笑顔が素敵ですね」

これで部長のとびきりの笑顔が見られます。

きれいな色のブラウスですね♡

部長 笑顔が素敵ですね！♡

ほめられたら「○○さんのおかげです」

「あの仕事、よかったね」

などとほめられたら、

「ありがとうございます。部長のおかげです」

「部下がよくやってくれました」

と言いましょう。

そんなことを言われたら、
部長や部下は、うれしくなって
またがんばろうと思います。

「がんばってね」ではなく、「がんばってるね」

「がんばってね」は励ましの言葉。
でも、全力でがんばっているときに
言われると、「これ以上どうがんばるんだ」
なんて気持ちになってしまうことも。
だから、「がんばってね」じゃなくて、
「がんばってるね」。
こう言われると、仕事が認められたようで
うれしくなります。

できる上司は怒鳴らない

優秀な上司とは、優秀な部下をもっている人、
と、私は思っています。
感謝の言葉こそ、上に立つ人間には
必要なものです。なのに、ときどき
部下を怒鳴る困ったちゃんがいます。
怒鳴られると畏縮したり、逆に腹がたって
集中力が落ちることがあります。
どちらにしても、いい結果は望めません。
部下だって、いつも怒鳴られていると、
「この人のためにがんばろう」なんて
気持ちにはなれないでしょう。
連合艦隊司令長官だった山本五十六《いそろく》も言っています。
「やって見せ、言って聞かせて、させてみて、
ほめてやらねば人は動かじ」
本当にそうだと思います。
私たち「まるかん」の社長たちは、
みんな商売の素人でしたが、
一人さんから怒られたことは一度もありません。

声かけはマメに

上司の仕事は、部下に愛のある言葉をかけること。

「この前の仕事、よかったよ」でも、

「風邪は治ったの？」でもなんでもいいのです。

部下は、自分のことを気にかけてくれているんだと

うれしい気持ちになります。

注意するときは、「いいことを教えてあげるよ」

上司たるもの、部下に注意をしなくては

いけないこともあります。

でも、注意ってしづらいものです。

そんな私が一人さんから教わったのは、注意する前に、

「いいことを教えてあげる」とひと言言うこと。

こういうふうにしたら、あなたはもっと

よくなるという話だから、確かに

「いいこと」ですよね。

部下もこう言われると、不安にならないで

「なんだろう」と耳を傾けてくれます。

家族や子どもに注意するときも同じですよ。

「鈴木の滝」で修行する

残念なことに、
上司の中には理不尽な
ことで部下を怒る人もいます。
イライラと
怒鳴りつける人もいるでしょう。
「おい、○○」なんて呼ばれたとたん、
うんざりして、
文句やグチの一つも言いたくなる
かもしれませんが、
地獄言葉は禁句です。
こういうときは、
修行だと思えばいいのです。
山で修験者《しゅげんじゃ》が滝に打たれるように、
「鈴木（上司が鈴木だったら）の滝」に
打たれに行くのです。
修験者はわざわざ険《けわ》しい山道を
登っていかなくてはならないのに、
あなたは職場にいながら

修行ができる！
なんてツイテルんでしょう!!
「今日○回目の滝修行」
なんて思ったら
楽しくなったりして……。
最後に必ず、上司に向かって大きな声で
「ありがとうございます」
と言いましょう。
これが修験者の心得です（笑）。
さきほどもいいましたが、
大きな声で返事をすることは
とても大切です。
修験者が滝に打たれているとき
必ず大きな声を出しています。
大きな声を出さないと、修行中に気絶して
命にかかわるからです。
鈴木の滝も同じこと。
途中途中の返事も大きな声で
「ハイ」「ハイ」と言いましょう。
修行はどこでやっても同じことです。

注意のされ方で分かれる出世への道

人に注意して、つくづく思うのは、
世の中には、注意されじょうずと、
注意しづらい人がいるんだなあということ。
注意したとき、「あ、すみません。
気がつきませんでした。
ご指摘ありがとうございます！」なんて
言われると、とても好感をもち、
その人のためにこれからも指導ができます。
そんな人は、
どんどん伸びていってくれるから、
新しい仕事をどんどん与えることができます。
ところが、注意しづらいと、
欠点がなかなか改まらず、その結果、
いつまでも成長できない
ということになります。
仕事も心も、成長するためには
注意しやすい人間であること。
これは本当に大事なことです。

こんなタイプはNG

暗く落ち込むタイプ

ちょっと注意しただけで、ドヨ～ンと落ち込んでしまう人がいます。別に人間性を否定したわけではなく、注意したことを直してくれればいいだけなのに、あまりひどく落ち込まれると、注意しづらくて困ります。注意されるということは、悪いことが改まって良くなるということですから、喜ばしいことなのです。

大きな声で、「ご注意ありがとうございます。また気がついたことがありましたら、どんどん教えてください」

これができるあなたの返事です。

ふてくされたり、反抗するタイプ

注意すると、「だって」「でも」とダラダラと言い訳し、素直に「はい、わかりました」と言えないタイプ。こういうタイプが上司からみて、いちばん使いにくく、同僚や部下から嫌われる典型的な人です。できるあなたは、こういう人には絶対に近づかないこと。

頼まれた仕事は断らない

同じお給料だったら、できるだけ働かないほうが得……
などということは、成功する人は絶対考えません。
同じ時間の中で、どれだけたくさんのことができるか、
どれだけ会社に貢献できるかを
考えるのが成功する人です。
だから、仕事を頼まれたら、いつでも笑顔で引き受けます。
仕事はやればやるほど実力がつき、面白くなっていくからです。

返事は笑顔で「はい!」

仕事を頼まれたら、
笑顔で「はい!」。
これが基本です。
忙しくて、すぐに
手がつけられないときも、
「はい!」。
そのあと、
「今こういう仕事を
しているんですけど、
いつまでにやればいいですか?」
と聞けばいいのです。
急いでいるときは、
ほかの人に回されることも
ありますが、
最初に「はい!」と答えれば、
頼んだ人は断られた気がせず、
「またお願いしよう」という
気持ちになります。

むずかしい仕事がきたら、ニコッと笑って「やりがいがありますね」

手に余りそうな仕事を
頼まれることもあるでしょう。
そんなときでも、
「ちょっとこれはむずかしいかも」
「これは無理じゃないですか」
などと否定的な言葉は
NGです。だからといって、
「わかりました。簡単ですよ」
と気軽に引き受けられるのも、頼んだほうは
むずかしさがわかっていないんじゃないかと
不安になります。
こんなときのできるあなたの最上の答えは、
「これはやりがいがありますね」
むずかしさがわかっていて、
それでもチャレンジする前向きな
気持ちが感じられます。

仕事は忙しい人に頼め

昔から「仕事は忙しい人に頼め」という
ことわざがあるように、
私が仕事を頼むとしたら、忙しい人です。
なぜなら、忙しい人は段取りを組むのが
うまく、テキパキ仕事をこなすから。
暇そうな人は、段取りが悪く、
ダラダラしているから仕事が遅いのです。
よって、仕事を頼まれず、
さらに暇になるのです。
というわけで、
忙しく仕事をしている人は、さらに
どんどん仕事が与えられて、
頼りになる存在となります。
テキパキ働くあなたに
仕事や信頼が集まるのは当然です。

どこへ行っても絶対出世する人

世の中の社長さんたちは、どういう人を取り立てたいと考えているかわかりますか?

それは、社長のつもりになって働く人です。

社長とは、つねに会社の利益と発展を考えているものです。

その人の行動が会社の利益と発展につながっていれば、まちがいなく社長は、その人を取り立てようと思うものです。

その人とは、今この本を読んでいるあなたです!!

今、目の前にあることに全力を尽くす

あなたが希望しない部署に異動させられたとします。

そこでふてくされて仕事をしていたら、希望する部署に移るチャンスも、出世する望みもありません。

なぜなら、だれもふてくされて仕事をしている人にいてほしくないからです。

どこにいようと、目の前の仕事に全力で取り組む。

それでこそチャンスは巡《めぐ》ってくるのです。

いつも笑顔で新しいことに挑戦しているあなたに、

会社の期待の目が注がれています。

よけいなことは考えない

帝国ホテルの料理長を長く勤めた村上信夫さんは、下積み時代、お皿をピカピカに磨いていたそうです。

「こんなにきれいに磨くやつはだれだ」と、先輩から目をかけられ、どんどん取り立てられていったのだとか。

よけいなことは考えず、目の前のことに全力を尽くす……これが出世の早道です。

今、あなたがやっていることは、成功の道にまっすぐ進んでいます。

自信をもって一歩一歩足を踏みだしてください。

だれだって行きたくない部署にまわされたり、料理を習いに来たのに皿を洗わせられたり、人生ってそんなものです。あなただけがそういう目にあっているわけではないのです。

ただ、出世する人はそういうときにくさらない人。これは世界共通です。

頑張らずに「顔晴る」

眉間《みけん》にシワを寄せて仕事……。
これはよくありません。
一人さんによると、
眉間には「第三の目」があるそうです。
急にアイデアがひらめいたり、
「これはきっとうまくいく」とピンときたり。
そういう見えないものを見る目が、
眉間にある第三の目なのだそうです。
眉間にシワを寄せていると、
この第三の目が閉じてしまって、
いいアイデアも思い浮かびません。
眉間のシワを伸ばすには、笑顔がいちばんです。
晴れ晴れした顔になるでしょう。
これが「顔晴《がんば》る」顔。仕事は顔晴りましょう！
この本を読んで、笑顔の秘密を知ったあなたに、
第三の目から、あなたを成功に導く、
楽しいひらめきがたくさんもたらされますよ。
おおいに期待してください。

使命感をもって働くあなたは素晴らしい

たとえばレストランでお皿を洗う仕事をしていたとします。

「こんな仕事、つまらないな」と思ったら、それはつまらない仕事になります。でも、「自分がお皿をきれいにするから、みんなが気持ちよく食べられるんだ」と思ったら、やりがいを感じて、楽しいですよね。

世の中に役に立たない仕事なんてありません。

自分の仕事がどう役立っているかすでに気づいているあなたには、幸運の女神がいつもほほ笑んでいますよ。

人から頼りにされる幸せ

「私はパートだから」なんて思っている人はいませんか？

正社員だろうが、パートだろうが、「○○さんがいてくれると助かる！」と言われればうれしいですよね。

人から頼りにされる存在になるのは、働く時間の長さではありません。

長時間働いていたって、頼りにされない人はいるし、短くたって、頼りにされる人はいます。

頼りにされる人とは、使命感をもって働いているあなたです！

やりがいをもって働けば出世する

仕事の楽しみって、
なんでしょうか？
人によって違うかもしれませんが、
私はやっぱり
〝やりがい〟だと思います。
そして〝やりがい〟を感じるのは、
人から認められたとき
ではないでしょうか。
つまり、会社に貢献したとき。
やりがいをもって働けば、
自然と出世してしまうのです。
やりがいをもって働いているあなた、
人にやりがいを与えられるあなた、
ささいな力のように思えても、
あなたの力は会社にとって
すごく大きなものなのです。

人に親切にしよう

告げ口をしたり、ちょっとずるいことをして、
ライバルを蹴《け》落として出世していく人も
いないわけではありません。
でも、因果応報《いんがおうほう》。
人にやったことは、
同じようなことをされるものです。
それに、そんなことをして
出世した人をだれも
助けようとは思いませんよね。
協力してもらえなければ
仕事だってうまくいきません。
いつかはつまずくでしょう。
反対に人に教えたり、
親切にしていると、
みんなに押し上げられて
自然に出世してしまいます。
大勢の人に支えられていれば、
その座から転げ落ちることもありません。

人のためだからがんばれる

働いていて、
「これができあがったら
みんながどんなに喜ぶだろう」
などと想像すると、ワクワクして、
疲れも忘れてしまう
なんていうこと、ありませんか？
昔、つまらなそうに電球を
磨いている工員さんに、
松下幸之助さんが、
「きみが磨いているおかげで
日本中の家庭が明るくなるんだ」
と言われ、工員さんは
力がわいたと聞きました。
その後、その工員さんは工場長になりました。
自分のためだと思うと、
「もうこれぐらいでいいかな」
と思うことでも、人の役に立つと思うと、
思わぬ力が出るものなのです。

最初は自分のためでもいい

「お金を儲けたい」

「技術を身につけたい」

そんな理由で仕事を始めた人もいるでしょう。

最初はどんな理由でもいいのです。

一生懸命仕事をしているうちにその仕事がどんなふうに世の中の役に立っているかわかってくるはずです。

役に立っていない仕事はありません。

役に立っているとわかると、それまで以上に仕事が楽しくなります。

楽しくてジャンジャンバリバリ仕事をすると、出世してお給料もあがるし、技術も身につくというわけです。

子どもには「仕事は楽しいよ」

仕事をしているお母さんは、
ともすれば、
「家にいてあげられなくて
子どもがかわいそう」と
思ってしまうことも。
だから、「本当はあなたと
いてあげたいけれど、
しょうがなくて仕事を
しているのよ」なんて
言ったりしていないでしょうか？
こんなことを聞かされていると、
仕事が嫌いな子どもに
なってしまいます。
一人さんのお母さんも
仕事をしていましたが、
「仕事は楽しい」「仕事は楽しい」
と言っていたそうです。
そのおかげで、一人さんは

大人になったら仕事ができると、
仕事をするのが楽しみに
なったそうです。
大人になったら
仕事をするのは当たり前。
1日8時間は仕事です。
その時間が楽しくなくなって
しまったら、
とてもつらい人生に。
子どもを不幸せにしては
いけません。
一人さんのお母さんのように
「仕事は楽しい」と
言っていると、
あなたも仕事が楽しくなってきます。
あなたが楽しく仕事をしていれば、
子どもも仕事をするのが
楽しみになります。

前向きな言葉は人生を明るくしてくれる

「一緒にいてあげられなくて
かわいそう」と子どもに言うと、
かわいそうな子どもに
なってしまいます。
たとえば、離婚したときも、
「子どもに申し訳ない」と
思っていると、
子どもはかわいそうな子に
なってしまいます。
子どもをかわいそうな子にするか
どうかは、あなたの言葉次第です。
「仕事が楽しい」
「離婚してよかった。二人で幸せだね」
と言っていれば、子どもは
かわいそうな子になりません。
前向きな言葉は、
あなたの人生も、子どもの人生も
前向きな明るい人生にしてくれます。

「向いていない」はやりたくないだけ

「この仕事は向いていない。
自分に向いているのは、
もっとほかの仕事なんだ」
希望する部署に回されなかったときなど、
こう言う人がいます。
でも、これはその仕事が
やりたくないだけ。
その証拠に、こう言っている人が一心不乱《いっしんふらん》に
仕事をしている姿を見たことがありません。
もっと向いている部署があると思うなら、
今の部署で一生懸命仕事をすることです。
与えられた仕事をきちんとやらないで、
ほかの部署にいったら力を発揮するなんて
言っても、信用してもらえません。
今の部署で結果を出してこそ、
希望はかなえられます。
一生懸命仕事をすれば、
今の仕事も向いてくるかもしれませんよ。

営業は人間を練る最高の部署

営業が苦手だという人がいます。
でも、営業は修行のためには最高の部署。
あなたのところに来る営業マンが
暗い顔で、グチを言っていたらどうでしょう？
その営業マンからは買う気にはならないでしょう？
反対に、いつもニコニコして感じがよかったら、
買いたくなるでしょう。つまり、営業マンは
いつも笑顔で天国言葉を使っていないと
務まらないのです。

伝票が回ってきたら「ありがとうございます！」

もちろん、営業以外の部署でも
修行のチャンスはいっぱい。
経理だったら、営業から伝票が回ってきたら、
「ありがとうございます！　いつも○○さんが
注文をとってきてくれるからやりがいがあります！」
これで営業マンはますます張り切ります。
終業時刻がきたからって、
「もう時間ですから、明日にして」なんて
とんでもない話。営業マンと一緒にがんばろうと
思ってこそ、同じ会社の仲間といえるのです。

仕事をゲームと考える

毎日毎日同じことの繰り返しと思うこともあるかもしれません。
そんなときにおすすめなのが、仕事をゲームにすること。
昨日よりどれだけ早くコピーがとれたか、どれだけ多く
「ありがとう」と言われたかなど、ゲーム感覚で行うと、
同じ仕事が楽しくなってきます。

何回「ありがとう」と言われるかゲーム

コピーをとったり、お茶を入れたり、エレベーターでボタンを押して、乗って来る人を待ってあげたり、みんなを先におろしてあげたり、たくさん荷物を持っている人を見かけたら、手伝ってあげたり、職場では「ありがとう」と言われる機会がたくさん。

いろいろ手伝って、1日に何回「ありがとう」と言われるか数えてみましょう。

めったに「ありがとう」と言わない上司が言ってくれたときなどはうれしくて、「やったー!」という気持ちになります。

だれよりも早く電話をとるゲーム

電話を早くとるのはビジネスマナーの基本です。

電話が鳴ったら、だれよりも早くとると、心に決めておきましょう。

いちばんにとれたときは、うれしくなって、声も明るくなって一石二鳥です。

学ぶ姿勢が成功を作る

「お店があまりはやらなくて……」
と相談があったとき、一人さんは
場所がよくなくても、はやっているお店に、
その人を連れていくことがあります。
そうすると、うまくいっていないお店の人ほど
「うちの店のほうがおいしい」とか、
自分の店より劣っていることばかり探しだすそうです。
でも、はやっているからには
何か理由があるはず。
もし、本当においしくないのに
はやっているとしたら、すごいことです。
サービスなのか、笑顔なのか、言葉なのか。
そこには大きなヒントがあるはず。
相手の欠点ばかり見つけても、
何も自分のプラスにはなりません。
会社員も同じです。
謙虚に相手のいいところを探すことが
成功への道を作ります。

うまくいかなかったら「教えてください」

うまくいかなかったら、うまくいっている人を見てみましょう。真剣に見れば、自分には何が足りないのかわかります。

どうしてもわからなかったら、

「すみません。自分には何が足りないんでしょう」

と聞けばいいのです。

あなたが真剣なら、
きっと教えてくれるはずです。

「教えてください」と言われたら、気持ちよく教える

「教えてください」と言われたら、気持ちよく教えてあげることが、さらなる成功へ導きます。

自分がせっかく手に入れたノウハウを簡単に人に教えられないなどとケチなことを考えてはいけません。

自分がすでに使ったアイデアは、もう自分には必要ないもの。ほかの人に手渡さないと、新しいアイデアはわいてきません。

アイデアをもらった人はきっとあなたを支えてくれる存在になるでしょう。

始める前から心配しない

新しい仕事を任されたときなど、
うまくできるかどうか心配に
なることも多いと思います。
「うまくできるかな?」
「失敗したらどうしよう」とか。
初めてのことなら不安もあって当然。
でも、そんな心配をしながら仕事を
するのはよくありません。
物事は思ったとおりのことが起こります。
だから、「大丈夫かな?」と、チラッと
頭にかすめたら、すぐ「大丈夫、
大丈夫」と言えばいいのです。
言っているうちに「大丈夫」と思えてきます。
心配したことがいつも起こるというあなた、
あなたは思いを現実にする力が強いのです!
だったら、「大丈夫」と思えば、大丈夫。
できる人だから、あなたは任されたのです。
自信をもってやってください。

緊張したら、「大丈夫、大丈夫」と魔法の呪文を唱える

大切なプレゼンの日、緊張しますよね。
でも、緊張しすぎると実力が発揮できません。
こういうときこそ、「大丈夫、大丈夫」です。
「大丈夫」は気持ちをリラックスさせる
効果がある言葉なのです。
そして深呼吸も忘れずに。
緊張すると、横隔膜《おうかくまく》が上がります。
そうすると呼吸が浅くなって、心拍数も上がります。
ドキドキするのは、こういうメカニズムのため。
ゆっくり深呼吸すると、横隔膜が下がって、
心臓がバクバクするのもおさまります。
深呼吸するときは、吸うことより、
吐くことを意識します。
そうすると、自然に空気が入ってきます。
両手にものを持って、さらに何か持つことは
できませんよね。持つためには放さなくては
なりません。深呼吸もそれと同じです。
まず体の中の空気を出し切りましょう。

会社をやめたくなったら、3カ月ムチャクチャ働く

仕事がつまらない。やめちゃおうかなあ
なんて考えが、頭をよぎることがありますか？
そんな人に一人さんはこう言います。
「とにかく3カ月ムチャクチャ働いてごらん。
やめるのは、それからだよ。
3カ月間、最高の笑顔で、
最高の返事で、
顔晴って働いてごらん。
やめるときは惜しまれてやめるんだよ」
そうやって3カ月続けてみたら……。
あら、不思議。仕事が楽しくなっているはず。
同僚たちも感じよく、みんなが頼ってくれます。
「やめちゃおうかな～」などという気持ちは、
どこかに飛んでいって……。
そんなこと、あるはずがないって？
やってみてください。
ムチャクチャ働くんですよ。

会社に「惜《お》しい」と思われてやめよう

やめるときは、会社に「もっとここで働いてほしい」と思われてやめることです。

「ああ、よかった。やめてくれて」なんて思われるとしたら、それはあなたが一生懸命その会社で働いていなかった証拠。

仕事もきっと楽しくなかったことでしょう。

仕事の楽しさを知らないで、次の会社に移っても、また同じことの繰り返しです。

仕事が楽しい人は、どこで働いても楽しいし、楽しくない人は、どこで働いても楽しくなりません。

安月給と思っているかもしれないけど……

「こんな安い給料でやっていられない」と思っている人もいるかもしれません。

でも、本当に安いかどうかは疑問。

自分でそう思っているだけかもしれません。

私は自分の評価は自分でするものではないと思っています。

周りの人から、「それだけ働いているんだったらもう少しもらってもいいんじゃない?」と言われたら、転職を考えてもいいのかも。

失敗をいつまでもクヨクヨしない

失敗したことをいつまでも、
「どうしてこんなことに
なってしまったんだろう」
と考えても、
エネルギーの無駄、時間の無駄です。
そんなことで頭を
いっぱいにしてしまうと、
プラスに考える時間も
エネルギーもなくなります。
やるだけのことをやったら、
次のことを考えましょう。
どうしても
クヨクヨ考えてしまうときは、
天国言葉セットを100回言うと、
流れが変わります。

失敗しても「チャンスはいくらでもある」

失敗したのは、あなたの成長に必要だったからです。
きっと将来の役に立つはず。
チャンスはいくらでもあります。
失敗を生かすためには、なぜ失敗したか分析し、
次はどうしたらいいか考えることです。
失敗したら、私はこう言うことにしています。
「チャンスはいくらでもある。次、顔晴ろう」
そう思っていると、挽回《ばんかい》のチャンスが絶対きます。

ピンチは上昇気流にのるチャンス

ピンチはチャンス……よく聞く言葉です。
でも、ピンチが自然にチャンスに
変わるわけではありません。
たとえばレジのお金が合わなければ
ピンチです。
このとき、次からは
間違いが起きないような
システムを作っておけば
被害は最小で食い止められます。
ピンチに陥《おちい》ったときは、
「こんなことになっちゃって」と、
だれもが思います。
でも、
心を立て直して対処する人には、
いいことしか起きません。
そのときの状態を受け止めて、
前向きにとらえると決める。
そうすれば必ず道は開けます。

つらいときこそ天国言葉

つらいときは、
ついグチを言ったり、
不平不満を言ったり、
地獄言葉を使いがちですが、
こんなときこそ勝負どころ。
つらいときこそ、ニコッと笑って、
天国言葉のセットを繰り返して

ピンチをチャンスに変える魔法の言葉
「これでよくなる、だからよくなる、さらによくなる」

何かトラブルがあったとき、
口にしたい言葉は、
「これでよくなる、
だからよくなる、
さらによくなる」です。
会社が倒産して失職した人が、
新しく会社を立ち上げて
成功した例もたくさんあります。
世の中で起こることすべてに
「偶然」はありません。
どれもみんな理由があって
起こっていることなのです。
それらは私たちの魂が成長するために
必要なことなのです。
だから、世の中に
「困ったこと」なんてないのです。

みてください。
「どうしよう」「困ったなあ」
「まったくいやになっちゃう」
などと地獄言葉を使っていると、
やる気も起きてきませんが、
「愛してます、ついてる、うれしい、
楽しい、感謝してます、幸せ、
ありがとう、ゆるします……」
と、天国言葉を言っていると、
力がわいてきて、いいアイデアも
ひらめきます。
とりあえず100セット
言ってみましょう。
言霊《ことだま》パワーの威力に
驚くでしょう。

ピンチをチャンスにした成功者たち

松下幸之助さんを成功させた3つのこと

「貧乏だったこと」「小学校しか出ていないこと」
「体が弱かったこと」
この3つがあったから自分は成功したと、
松下幸之助さんは言っています。
貧乏だったから、お金持ちになろうと思ったし、
小学校しか出ていないから、たくさん本を読んで
勉強したし、体が弱かったから任せられる
人を育てようと思ったというのです。
ふつうだったら、できない言い訳にする3つのこと。
こんなふうに考えられる人が成功するのです。

村八分になったおかげで
日本一の海鮮問屋になった
高田屋嘉兵衛

江戸時代の海鮮問屋に
高田屋嘉兵衛《たかたやかへえ》という人がいました。
船乗りとなり、函館を拠点に
大阪などに北海道の海産物を送り、
大成功した商人ですが、

自分を殺そうとした継母に家を建てた塩原太助

炭団《たどん》を知っていますか?
炭の粉を丸めた燃料です。
これを作ったのは、江戸時代の塩原《しおばら》太助《たすけ》という人です。
小さいころお母さんを亡くした太助のところに
新しいお母さんがきました。継母は自分の子どもが
生まれると、太助が邪魔になり、殺そうとしました。
命からがら逃げた太助を助けたのは炭屋のご主人。
ここで太助は一生懸命働きました。
炭の切りかすを集めて、丸めて固め、
お客様へのサービス品としてプレゼントしたのです。
これが炭団の始まり。
独立した太助は江戸いちばんの炭問屋になり、
自分を殺そうとした継母に家を建ててあげたのです。
「継母が自分を追い出したから、今がある。
家を建てることなんてなんでもない」
自分の不幸をずっと言い続けるのは、ふつう。
成功者は考え方が違うのです。

そもそも嘉兵衛が船乗りになったのは、
生まれ育った村で村八分にされ、
そこで生きていけなくなったから。
江戸時代に村八分になるということは、
生きる場所を奪われたのと同じです。
でも、嘉兵衛は海に活路を見出し、
大成功を収めたのです。
最悪に思えることも、
成功へのきっかけになるのです。
成功者はすべてをチャンスに
変えられるのです。

仕事ができて、もてる男を演じよう

人生は、あなたが主役の舞台です。
あなたはどんな役を演じたいですか？
仕事ができて、
もてる男を演じたいなら、
職場でそのように
振る舞いましょう。
仕事ができる人、もてる人は、
どんなふうに振る舞っていますか？
いつも明るく、
感じがいい人ではありませんか？
見事に演じ切れるようになったら、
あら不思議。
いつの間にか、
あなたは本当に仕事ができて、
もてる男に
なっています。

太陽に向かって歩こう

成功したいなら、下を向いて
トボトボ歩いてはいけません。
疲れて、自信がなさそうに見えます。
職場で自信がなさそうに見えるのは
大きなマイナス。
自信があってもなくても、顔は上に、
太陽のほうに向けましょう。
太陽の光を受けると、輝いて見えます。
太陽に顔を向けたら、
次は背すじを伸ばしましょう。
昨日とは違う景色が見えてくるはずです。
こうしていると、自然に自信が出てきます。
仕事は自信がありそうな人に任せたいもの。
「あいつに任せてみようかな」と思われて、
チャンスを手にすることが
できるようになります。
自信がないと思われたら、
チャンスを手にすることができません。

人の機嫌より自分の機嫌をとろう

だれか機嫌の悪い人がいると、

「私のせいかな」「何か気に障《さわ》ることを言ってしまっただろうか」などと落ち込むことはありませんか？

でも、気にすることはありません。

その不機嫌な人は、出がけに家族とけんかしたのかもしれないし、
大事な商談が控えていて緊張のために怖い顔になっているのかもしれません。

たいていの場合、人は自分の都合で機嫌が悪くなっているのです。

機嫌が悪いなと思っても、いつもと変わらず、接していればいいのです。

ちょっとぐらい相手の機嫌が悪くても気にしない、気にしない。

私はいつも
「はなゑは、いつもご機嫌で偉い！

さあ、今日も張り切って仕事をしよう」と、

自分で自分のご機嫌をとっています。
大事なのは人の機嫌より自分の機嫌をとることです。
一人さんはいつも言っています。
「偉いのは、人の機嫌をとる人より、
自分の機嫌をとれる人。
いくら立派なことを言っても、
自分の機嫌もとれないやつに、
ろくなやつはいない」

思い通りできないときも

「何事も78点で充分……」
一人さんはこう言います。
完璧じゃないからこそ、
完璧に向けてがんばれるのです。
たとえば、地獄言葉を言ってしまったと
落ち込む人がいるようですが、気がついただけ偉いのです。
「よく気がついた」と自分をほめてあげましょう。

どんなときでも自分をほめよう!

「自分を愛して人を愛します。
やさしさと笑顔を絶やさず、
人の悪口は決して言いません。
長所をほめるように努めます」
これは私が一人さんに最初に教わった言葉です。
自分を愛するとは、自分を責めないこと。
私は絶対自分を責めません。
ミスしたときは、ちゃんと謝りますが、
「潔《いさぎよ》く謝れて、偉い、私」と、自分をほめます。
うまくいかないことがあっても、
がんばったのだから、「よくやった」、
「かわいい」「潔い」「がんばった」など、
ありとあらゆる場面で自分をほめましょう。
そうすれば、いちいち人にほめられなくても、
落ち込まず、いつも明るくいられます。

もし彼が独立して商売や事業を始めたいと言ったら？

よく男の人で、
「独立して仕事をしたいから、
おまえも仕事をやめて手伝ってくれ」
と言う人がいますが、
絶対仕事をやめてはダメ。
もし、仕事がうまくいかなかったら、
二人の収入がなくなってしまいます。
第一、仕事を始めたばかりから
二人でやるほど忙しいはずが
ありません。
一人でもガンバリ抜くような
気愛（「まるかん」では気合いを
「気愛」と書きます）の入った人でなくては、
とても創業なんてできるものではありません。
手伝うのは、せいぜい自分の仕事が終わってから。
最初から、パートナーの力をあてにするような
男性は、見込み無し。
創業はそんな甘いものではありません。

column
一人さんから

正しく目立つと成功するよ

人は正しく目立ったほうがいいようにできてるの。

汚い格好をして会社に行ったり、オートバイでうるさい音を出して走れば目立つよ。でも、それは正しくない目立ち方なんだよ。

正しい目立ち方というのは、好感がもてる格好で職場に行くとか、はきはき返事をすること。いつも元気なく、陰に隠れているように返事をするのは、仕事をしたくないと思われる。

出世する人間は必ず目立つよ。バリバリ仕事をしている人間は目立つんだよ。

本来、人は目立ちたいものなんだよ。花だってきれいに咲き

たいんだよ。それが神のご意思なんだよ。目立たないようにしているということは、神のご意思に逆らっているということだから、うまくいかないのは当たり前だよ。

幸せになりたいなら、正しく目立つようになるんだよ。目立てば、上司や社長からも目をかけられて、仕事は倍くるようになる。それをこなさなくちゃいけないから、努力もしなくてはいけない。正しく目立つということは、正当な努力を伴うんだよ。

世の中には類友の法則というのがあって、似たような人たちが仲間になるんだよ。出世したり、楽しい人生を送っていれば、そういう人間が集まってくる。そうなりたい人たちは、あなたを師匠として、尊敬して集まってくる。そこから、よき人間関係の環境も生まれる。

正当に目立って、正当に努力すれば、人はだれでも成功できる。

第２章
これでだれでも豊かになれる

出会う人に「あなたにすべての良きことが雪崩のごとく起きます」

「はなゑちゃん、
人間はどのくらい心が
豊かかどうかで、
その人の人生が決まるんだよ」
これは私が
「もっと幸せになりたい」と
言ったとき、
一人さんが教えてくれたことです。
「人の幸せを願うのは
気持ちが豊かな人だから、
出会う人ごとに、
この言葉を
言ってごらん」
そうして教えてもらったのが、
「あなたにすべての良きことが
雪崩のごとく起きます」
という言葉。
心の中で唱えるだけでいいんです。

あなたに
すべての良きことが
雪崩のごとく 起きます

1日5人でも10人でもいいんです。
道ですれ違った人、
コンビニで出会った人、
上司にも同僚にも後輩にも
言ってみてください。
不思議なことに
心の中で言っているだけなのに、
なぜか人間関係がよくなるんです。
苦手だなと思っていた人と
うまくつきあえるようになったり、
気がついたら嫌いな人が
いなくなっていたり……。
本当ですよ。
人はだれでも人の幸せを願ったり
自分の幸せを願ってくれる人が
好きなものなのです。
人間関係をうまくやろうと思ったら
人から好かれる人間に、自分を改良するのが一番の近道です。
それにあなたは、はじめから人の幸せを願うことができる
やさしい人なのです。

第一印象が何より大事

人は初めて会った瞬間に、その人が
どういう人か、無意識に値踏みしています。
第一印象で、「この人はできる人だな」と
思われたら、そのあとの仕事は
とてもやりやすくなります。
反対に「なんだか頼りないな」と
思われたら、そこから挽回するのは
すごくたいへん。

何はともあれ、清潔さを第一に
ピシッと決めるようにしましょう。
頭は天の加護、顔には世間の加護、
足元には先祖の加護が宿ると
言われます。

髪がボサボサでないか、
服はシワシワになっていないか、
靴はちゃんと磨いているか、
いつもチェックしてくださいね。
自分は気がつかなくても人は見てますよ。

電話は「ソ」の声で

商品のことを問い合わせようと思って電話をしたら、
感じの悪い声で対応された……それだけで
もう買いたくなくなってしまいます。
電話は会社の印象を決める、大きな要因。
反対に電話の声の感じがいいと、「信用できる会社だな」と
思ってもらえるのです。
私は電話では「ドレミファソ」の
「ソ」の音で話すようにしています。
ちょっと高めの声にすると、明るく聞こえるんです。
電話の前に鏡をおいて、笑顔を忘れないようにしましょう。

お店もきれいに

暗くて、ほこりっぽいお店には
入る気がしませんよね。
商品にほこりがかぶっていたり
すると、もう何カ月もそこに
あるような気がして、
なんだか入りたくなくなって
しまいます。
お店が汚いということは、
それだけでお客様を
逃がしていることになるのです。
お店はあなたの舞台。
毎日ピカピカに磨いてください。
そうすれば、商品も輝いてくるし、
輝いている商品は
お客様を引きつけます。
「お客さんが来ない」と言っている
あなた、毎日キュッキュッと
お店を磨いていますか？

押し出しのある人になろう

押し出しのある人と聞いて、
どんな人を思い浮かべますか？
堂々として自信たっぷりの人？
そうですよね。
そういう人は目立ちます。
押し出しのある人とは
目立つ人のことです。
だからといって、やたらと
騒げばいいというものではありません。
それでは悪目立ち。逆効果です。
職場で目立つ人とは、
元気な明るい声で返事をして、バリバリ働く人。
商店で目立つ人とは、
自信をもって扱っている商品を
売っている人です。
貫禄《かんろく》があっていいんです。
でも、威張ってはいけませんよ。
貫禄があって、やさしい人がいちばんです。

たまにはブランドの力を借りよう

そうはいっても、一朝一夕《いっちょういっせき》に
自信をつけるのはむずかしいかもしれません。
とくに気がやさしい人は、
ちょっと自信なさげに見えがち。
そんなときこそブランドの力を借りましょう。
たとえばブランドのバッグをもって、
少し高価な時計をはめてみる。
それだけで自信がわいてくることもあります。
たまには物の力を借りることも必要かもしれません。

幸せは自分で呼び寄せられる

一人さんによると、この世では
明らかにイメージが違うことは
起こらないのだそうです。
たとえ、今あまり
うまくいっていなくても、
明るい色の服を着て
ニコニコしていれば、
幸せそうに見えますよね。
そうすると、いつしか本当に
幸せになるのだそうです。
豊かになりたい人は、
豊かに見えるように
すればいいのです。
そのための身なり、
言葉づかい、
立ち居振る舞いは
大切です。

髪を振り乱していては豊かになれない

一生懸命働く姿を表すとき、「髪を振り乱して働く」と言ったりします。でも、髪はボサボサ、ノーメイクの肌はカサカサでは、豊かになれません。

豊かな人で、そんな人はいないものです。

少しぐらい余裕がなくても、髪をとかすことはできるはず（笑）。

髪を振り乱してお店に立っても、お客様は怖がって逃げてしまいます（笑）。

もちろんお勤めの人も同じですよ。

毎日ちゃんと鏡を見て、優雅に振る舞ってくださいね。

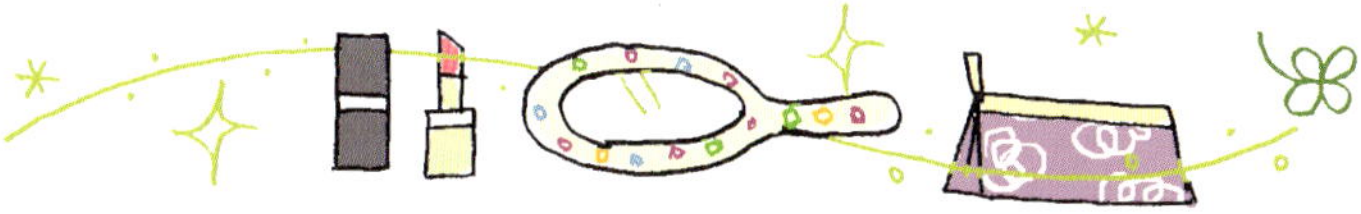

いつも彼（彼女）の親に会うつもりで

あなたが彼（彼女）のお母さんに会うときは、なんとかよく見てほしいと、気合を入れて準備するでしょう？

彼（彼女）の親に会うときは気合を入れるのに、職場では気を抜くというのは、本当はあってはいけないこと。

毎日彼（彼女）の親に会うぐらいのつもりで身だしなみを整えましょう。

仕事も人生もうまくいくようになりますよ。

華やかな色の服を着よう

豊かで幸せな人は、キラキラ輝いています。
こんな人が職場にいたら目立ちます。
反対に、暗くてドヨーンとしていたら、
人生うまくいきません。
そういう人でも外見から変えていくと、
人生もビジネスもうまくいきはじめます。
職場でも、華やかに装いましょう。
だからといって、紫のスーツを
着る必要はありません（似合っていれば
もちろん着てもいいのですが）。
男性でもネクタイを華やかな柄にしたり、
シャツを薄いピンクやブルーにするだけでも
いつもより華やかさアップ！
そして、プライベートは、
思いきり華やかに装ってください。
おしゃれ初心者なら、マフラーや
スニーカーにきれいな色を
選んでみては？

光るアクセサリーを身につけよう

よく「オーラを感じる」と言いますよね。
キラキラ輝いて生きている人からは、
〝オーラ〟を感じます。
そんな〝オーラ〟を補《おぎな》ってくれるのが、
キラキラ光るアクセサリー。
魔よけにもなる、豊かになるための必須アイテムです。
本物でなくても、数千円で
すてきなアクセサリーがいっぱいあります。
女性なら、イヤリングにネックレス、
指輪などを身につけましょう。
あなたは輝きを増し、
幸せを呼びよせます。
職場で禁止されているなら、
通勤のときだけでもOKです。
男性でも、キラリと光るものを
ひとつ身につけると運がよくなります。
キラキラ光るものは、見ているだけでも幸せで
豊かな気持ちにしてくれます。

品よく見せる白いブラウスと黒いボトムス

ブランドショップで働いている人って、
品がよくて、キリッとしてカッコいい。
あの人たちは、たいてい白いブラウスと
黒のスカートかパンツをはいています。
清潔感のある白のブラウスと、
黒のボトムスの組み合わせは
セレブのイメージ。
もちろん、キラリと光るアクセサリーも必要です。
シンプルだけど、はっきりした
色の組み合わせで、アクセサリーをつけると、
意外と華やかでもあるんです。
お店をやっている人に
ぜひおすすめしたい組み合わせでもあります。
接客業は毎日着るものにも頭を悩ませるけど、
この組み合わせを〝制服〟として考えたら、
とてもラク。
ラクでカッコいいんだから、
もうこれでキマリです！

アクセサリーは忘れずに

白のブラウスと黒のボトムス、
素敵なんだけど、シンプルなだけに
ちょっとさみしい印象になってしまいがち。
先ほども言いましたが、
必ずアクセサリーをプラスして。
胸元にキラリと光るネックレス、
耳元にはイヤリングかピアス。
必ずしも大きなものである必要はありません。
キラリ！と光るだけでいいのです。
セレブな女性になりますよ。

シワ、シミは厳禁

白いブラウスは清潔さが命。
ピシッとアイロンをかけて、
いつも真っ白洗いたてを。
白いとシミやシワが目立ちます。
手間をかけて、白さを
保っているから、
白いブラウスはセレブの
イメージになるのです。
だれだって、おしょうゆのシミが
ついていたり、
シワシワだったら、がっかりしますよね。
白鳥のような優雅さをイメージして！

豊かになるショッピングのコツ

高そうに見えるものを買う

豊かさを呼ぶためには、
豊かそうに見えるものを
身につけることです。
同じ値段なら、
高そうに見えるものを
買うようにしましょう。
今はリーズナブルで
おしゃれなお店がたくさん
あります。
たとえリーズナブルでも
高そうに見えるものを
着こなしていると、
あなたに幸運の女神が
たくさんの幸せを
運んできてくれます。

明るい色のものを買う

明るい色は、幸せを呼びこんでくれる色。
同じお金を出すなら、明るい色を選びましょう。
それと一緒にキラキラアクセも忘れずに。
キラキラアクセはシンプルな服も華やかに、
豊かに見せてくれます。

買ったものに対して マイナスなことは言わない

間違っても、買ったあとで、
「買わなければよかった」とか、
「あっちを買えばよかった」とか、
言わないようにしましょう。
買ったものがかわいそうです。
ものにも魂があります。
反対に「この服、大好き」「よかった、
これを選んで」などとほめていると、
それを身につけて出かけたときに、
いいことを呼びよせてくれます。

センスのいい人と 一緒にショッピング

どんなものを買ったら高そうに
見えるのか、
わからないときは、
センスのいい人に、
リーズナブルで高そうに見える
ものを選んでもらいましょう。
豊かそうに見えるものを
身につけていると、楽しくて、
本当に豊かになってくるから
不思議です。

「とっておき」はいつも身につける

ずっとほしかった
時計や指輪などのアクセサリーを
思い切って買ったとします。
そうしたら、それはいつも
身につけてくださいね。
ほしかったものを身につけていると、
それだけでドキドキワクワク。
豊かな気持ちになります。
「いいものにふさわしい自分になろう」
なんて、励ましにもなります。
「あれがほしい」「これがほしい」
という〝欲〟は、あながち悪いものではありません。神様が私たちの向上のために
つけてくれた能力。
ほしいものを手に入れるために
一生懸命働く気にだってなります。
その気持ちを忘れないためにも
買ったものはちゃんと身につけましょう。

たんすのこやしにしてはダメ

思い切って買った
高価なモノやブランド品。
うれしくて、うれしくて、
使うのがもったいなくて、
「とっておきのとき使おう」
とたんすの中へ。
これではダメです。
買ったものを使わないと、
〝持ち腐れ〟といって、
貧乏波動が
出てしまいます。
それこそもったいないです。
使ってこそものが喜ぶし、
豊かな気持ちになれるのです。

つやつやな顔に豊かさは宿る

職場ではいつも元気な顔でいたいもの。
カサカサした肌は、
いかにも疲れているようで
豊かに見えません。
「さあ、仕事をするぞー！」という
感じにも見えません。
お店で疲れた顔の人に
応対されるのもイヤですよね。
だから、顔につやを出しましょう。
つやを出すのは簡単。
スキンケアのときに
つやの出るクリームを
たっぷりつければいいんです。
夜の洗顔後もスキンケアのときに
つや出しクリームをたっぷりと。
ピカピカつややかな肌は
元気で幸せそう。
豊かさを呼び込みます。

髪にもつや出しスプレーを

顔につやを出したら、
髪にもつやを出しましょう。
パサパサ髪は疲れて、
老《ふ》けて見えてしまいます。
スプレーしてつやを出すと、
10歳若く見えますよ。

男性もクリームでつや出しを

男性は脂性なんていわれますが、
脂っぽいのは、実は鼻の周りだけで
頬はカサついている
ということが多いのです。
疲れて見えると、
運勢まで悪く見えます。
朝晩、顔を洗ったあとに
クリームをたっぷりつけましょう。

お化粧は眉を高めに、がポイント

顔の中でいちばん重要なのは眉。
眉は高めに描くのが基本です。
本来の眉山より下に描くと、
なんだかいつも泣いているような、
困っているような、
悲しげな顔になって、
運がどんどん逃げていってしまいます。
鏡を見て、眉をグッと上げてみてください。
眉の上に凹《へこ》むところがあるでしょう。
そこが本来の眉の高さ。
黒目の際《きわ》と目尻の間に眉山がくるように
ラインをとり、上下の余分な毛をカット。
本来の眉を生かした形だから、
眉と表情が一緒に動いて
豊かな表情を作り出します。
表情の豊かな人と話していると
楽しいですよね。この眉で、職場の人も、
取引先の人も魅了しちゃいましょう！

男性はいじりすぎず、整える程度に

男性にとっても眉は大事。
アイドルのように細くする
必要はありませんが、
眉尻の眉の毛先を少しカットして、
眉の下のムダ毛を整えてください。
これだけで目元が明るくなって、
若々しいできる男の印象になります。

目元を明るくして、幸せ顔になろう

目元がくすんでいたり、
クマができていると、
疲れた印象。
目元に明るめのコンシーラーを
つけると、パッと華やかな印象に。
さらにハイライトを両まぶた全体と
目の下に、軽くさっと入れると、
より目元に立体感が出てきます。

シミが気になったらシミだけ消す

つやつやした肌をファンデーションで
厚く塗ってしまうのはもったいない。
だから、私はファンデーションは
ごく軽く、さっとつけるだけです。
もしあなたに、気になるシミがあったら、
気になる部分だけを
コンシーラーなどで
ちょっと隠すのがおすすめです。
全体を厚く塗る必要はありません。
コンシーラーをブラシでとり、
シミの部分にささっとつけます。
ブラシでつけることで、
周囲とよくなじみ、
コンシーラーをつけた部分が
浮くこともありません。

身になる勉強をする

いくら勉強をしても、
身になる人と、ならない人がいます。
今やっている仕事に
直接役に立つ
勉強をしてください。
まったく英語を使わない職場にいるのに
英語を勉強しても、
まず身になることは
ありません。
身にならない勉強グセのある人は、
英語が必要なときに、
ほかの勉強をするような人です。
今、自分に何が必要かを
きちんと見極めてから
勉強してください。
そうでないと、
勉強している時間も
労力ももったいないです。

もしお店を改装したくなったら

お客様が来ないのはお店が古いからだ、
じゃあ、改装しよう。
そんなふうに考える人も
いるかもしれません。
でも、改装したら絶対お客様が
増えるのでしょうか？
「もしかしたら増えるかも」ですよね。
そんなあてにならないことに
儲かってもいないのに
お金を使ってはいけません。
その前にやるべきことはたくさん。
お店は毎日掃除していますか？
隅にクモの巣なんて張ってないですよね？
笑顔を忘れていませんか？
天国言葉は？
やるべきことをやらないで
お金を出せばなんとかなるという
考えでは、商売はうまくいきません。

お店を始めるなら

どうせお店をやるなら、
繁華街に出したい……
気持ちはわかります。
でも、そういうところの
家賃は高いもの。
無理して始めてはいけません。
最初は駅から多少
遠くてもいいのです。
身の丈に合った
ところから始めましょう。
遠くても来てもらえる
お店にするには、
商人の腕も上げなくては
なりませんから、
勉強にもなります。
不便なところから始めるのが、
いちばんいいのです。

子どもにも経済観念は大切

家計が苦しくて、借金まであるのに、
「子どもには好きなことを
させてあげたい。
それが親の務め」
そう言って、
昼も夜も、無理して働いている人がいます。
そういう家庭は、子どもに家の事情を
よく説明し、親子で協力して
困難を乗り越えるべきなのです。
そうしないと、人の痛みがわからない、
わがままな子どもに育ち、
結局はその子は不幸な人生を
歩んでしまうものです。
家計が苦しい家の子どもは働く。
それが正しい経済観念です。
働くことは決して恥ずかしいことでは
ありません。
むしろ誇らしいことです。

見栄を張らない

商売を始めるにあたって、
私が一人さんから言われていたことは、
絶対見栄を張らないこと。
高層の新しいビルにオフィスがあったら
カッコはいいですよね。
でも、家賃の安い郊外に事務所をおいて、
それで問題がなければ、
わざわざ家賃が高い
都心に引っ越すことは
ないのです。

商売をしていると、お金はとても
大切です。
お金がなくては商品を仕入れることも、
従業員にお給料を
払うこともできません。
大事なお金を見栄のために
使ってはいけないのです。
これが正しい経済観念です。

夢を追いかけて家族を苦しめてはいけません

夢を追いかけて働かない人がいます。
そういう人に限って、立派なことを言うし、
やさしいことも言うのです。
でも結局、そういう人は働かない怠け者なのです。
こういう男性と結婚すると、一生苦労が続きます。
逃げ出すなら早いうちがいいですよ（笑）。

新札を用意しよう

私のいきつけのお店に、
お釣りを必ず新札で
くれるところがあります。
それだけでなんだか
うれしい気分。
銀行に行けば、
50枚までなら
タダで新札に変えてくれます。
これに「どうもありがとう
ございました！」という
笑顔が添えられれば最高！
これはタダでできるお客様への
サービスです。
まだまだタダでできることは
たくさんあります。

時間外でも快く応対

休みの日や営業時間外に
電話がかかってきても、
もし会社にいるなら絶対出ることです。
真剣に仕事をしていると、
1本の電話、一人のお客様が
どのくらい大切かわかります。
どんな仕事も真剣に取り組んでいると、
体が震えるような喜びを得られると
一人さんから教えてもらいました。
これはやってみると本当にわかります。
時間外だからと
電話を無視するなんて
本当にもったいないことです。

仕事と関係ない会話が成功の極意

通販で「まるかん」の商品を売っていたころ、
私はお客様のカルテを作っていました。
そのカルテを見ると、以前どんな商品を
買ってくれたか、どんなことに悩んでいるのか
わかるのは当たり前。
その他、家族のことや職場のこと、
相談ごとまで、どんな会話をしたのか
書いていました。
おかげさまでお客様とたいへん親しくなれ、
かわいがっていただきました。
ひと言でもいいから、
仕事と関係のない、楽しい会話をすることが
成功の極意です。
この大切さがわかる人が一流の
ビジネスマンだと
一人さんから教えてもらいました。

花言葉を添える

旅館に泊まったとき、
部屋に飾ってある花に
花言葉が添えられていた
ことがありました。
その花は、毎朝女将《おかみ》さんが
近所の山に咲いているのを
とってくるのだそうです。
花言葉を書くと、お客様と
話も弾むし、いいことばかりだと
言っていました。
これもお金のかからない
サービスの一つです。

お金は丁寧に扱ってくれる人が好き

お金は大切です。お金がなければ暮らしていくことができません。大切なものは、それなりに扱わないと逃げていってしまいます。シワクチャにされると、「こんなところにいたくない」とばかり、逃げていってしまいます。粗末にするのもいけません。道に1円玉が落ちていたら、拾って、きれいに汚れを落としましょう。

小さなお金を大切にしていると、大きなお金からも愛されます。

向きをそろえて入れよう

お札には顔が描かれています。お財布に入れるとき、その顔がさかさまになったりしていませんか？

絵だって、さかさまにかけたりしませんよね。

お札は向きをそろえて入れましょう。

お財布はいつもすっきり

お財布がレシートやカードなどでパンパンになっていませんか?

お財布はお金をしまうところ。

レシートなどがグチャグチャ詰め込まれているのは、お金に失礼です。

ちゃんと整理しましょう。

私は小銭でお財布が膨《ふく》らんできたら、その小銭を貯金箱に入れて、お賽銭《さいせん》に使っています。

お財布にも神様にも喜んでもらえてると思っているのですが……。

お気に入りのお財布で

お札を折らない長いお財布がいいとか、
○色のお財布がいいと言われているようですが、
私を含め、一人さんのお弟子さんでお財布の色や形を気にしている人は一人もいません。
それよりも大事なのは、気に入ったデザインのお財布をもつこと。私のお気に入りは、
キラキラと光るものや、
チェーンのついたおしゃれなお財布。
出すたびに、ワクワクしています。

「お金がほしい」は、お金を逃がす

三食食べられて、家賃が払えて、
たまには友だちと飲みに行ったり、
食事に行ったり、
季節が変われば洋服もほしいし、
夏休みには旅行にも行きたい……
お金があれば、本当に
いろいろなことができます。
でも、あんまり「お金がほしい」と
いうのは考えもの。
「ほしい」ということは、
今持っていないということ。
「お金がほしい」「お金がほしい」と
言っていると、お金がない状態を
引き寄せてしまいます。
どうせ言うなら、「お金はほしい」
ではなく、「お金は大切！」
お金が寄ってきてくれますよ。

家賃が払えた！
ありがとう♡
電気代も払えた！
ありがとう！
水道代も…

「○○が払えた。ありがとう」

今月はピンチ！　でも、家賃を払わなくちゃいけないし、水道代も電気代も……。
ああ、払わないですんだら、どんなにラクか。
そう思う気持ちもわかります。
でも、払えるんだから、あなたは幸せ。
「お金がない」ではなくて、
「払えてよかった。ありがとう」と、
感謝することを忘れないでくださいね。

お金がないと愛する人を助けられない

一人さんは言います。

「お金をためるのは、愛する人を助けるため」

もし、あなたの大切な人が、

住むところも仕事も失ってしまったとき、

お金があれば、自分の家に呼んで

食べさせてあげることができます。

「仕事が見つかるまで、

いていいんだよ」

と言ってあげることができます。

自分が食べるのにも困っていたら、

どんなに愛する人が困っていても

助けてあげられませんよね。

それは悲しい……。

だから、お金は愛する人のために必要なんです。

そういう気持ちで働いていると、

仕事もうまくいくものです。

自分のためだけではなく、愛する人のために働く。

それが自然とお金がたまる極意です。

人にお金を貸してはダメ

事業が思うようにいかない人から、
借金を申し込まれたら、断るべきです。
なぜなら、お金を貸したからといって、
その事業がうまくいくようにはならないからです。
倒産する時期が少し延びるだけ。
その人にお金を貸してしまうと、
自分もお金がなくなり、
その人が家も職も失ったとき、
助けてあげることができません。
親も、子どもの事業にお金を
貸すべきではありません。
子どもの事業が失敗したとき、
実家の家もなくなってしまったら、
その子は帰るところがありません。
借金の申し込みは、その人のために断ってくださいね。
そのことを知っているかどうかで
人生が大きく変わることがあります。
くれぐれも用心してください。

トイレはお金の神様がいるところ

「トイレの神様」という
歌がはやりましたが、
トイレには本当に
神様がいるんです。
その名は烏芻沙摩《うすさま》明王《みょうおう》。
不浄を焼きつくす神様と言われ、
みんなが掃除をするのを
いやがるトイレを掃除すると、
神様が喜んで金銭的にも豊かに
してくれるといわれています。
とくに思わぬ臨時収入を
与えてくれるのが
トイレの神様の特徴です。
だから、トイレは
いつもきれいにしましょう。
もちろん、
ほかの部屋も掃除してくださいね。

部屋がすっきりすると、顔も人生もすっきり

不思議なことに掃除をして、
部屋がすっきりすると、
顔もすっきり、きれいになるのです。
ものを整理するということは、
気持ちも整理するということ。
自分にとって何が必要で、
必要でないかがわかってくると、
ものごとを前向きに
考えられるようになります。
もっと不思議なことに、
気持ちが整理されて
豊かな気持ちになると、
心も体も健康になり、
治療費がかからなくなったり、
なぜか出費が減ってきます。
お給料が上がった人もいるんです。
不思議ですよね。

「わあ、素敵」「ありがとう」で豊かな波動

お気に入りの服を着ていったり、
バッグを持っていったとき、
その服やバッグをほめられると
うれしいですよね。
でも、日本人は照れ屋さん。
つい、「そんなこと、ないわよ」
なんて言ってしまったり……。
こんなときは素直に「ありがとう」と
言いましょう。
さらに「あなたの服も素敵よ」と
ほめ返せば、
ほめたほうも、ほめられたほうも
うれしくなります。
そんなふうにほめ合っていると、
あなたの周りは豊かな波動に包まれて、
素敵な人間関係が生まれます。
ほめられる前にほめる人になれたら最高ですね。
どんどんほめてください。

優雅な運転が豊かな波動を出す

高速道路を走っていると、
ときどき運転手つきの高級車が
走っているのを見かけます。
その運転の優雅なこと！
無理な追い越しはせず、
あくまでも水面を滑《すべ》るように
すーっと走っていくのです。
軽自動車に乗っていても、
会社の商用車に乗っていても、
気持ちは高級車でいきましょう。
私は会社の人に、「車の中でもお化粧できるぐらいに
ゆったり運転しているとお金持ちになるよ」と言ってます。
せかせかした運転は貧乏波動を出します。
豊かな人は、優雅でゆったりしているもの。
豊かな気持ちで運転すれば、
豊かな波動に包まれます。
そういう人は、いずれ高級車に乗るのに
ふさわしい人になります。

たまにはホテルでコーヒータイム

機会があったら、
たまにはホテルで
コーヒータイム。
たったそれだけで
ふだんと違う気分に
浸《ひた》れます。
そんなゆったりした時間に
考えごとをしたりすると、
思わぬアイデアが
ひらめいたり、
お友だちとの会話が
弾んだり。
たまにはいい意味の
非日常も楽しいものです。

一攫千金を狙うより、地道な努力が豊かさへの近道

一攫千金《いっかくせんきん》、夢のような言葉ですね。
でも、残念ながら、
一攫千金なんて
仕事の世界では絶対ありません。
仕事で、確実に豊かになる道は、
微差を追求することです。
笑顔を絶やさず、
つねに前向きの言葉を口にし、
人に喜んでもらえることを
一つずつやっていく。
遠回りのように思うけど、
結局それがいちばんの近道なんです。
もし一獲千金の仕事の話や
投資話がきたら、
絶対にのってはいけません。
何度もいいますが、
地道な努力が豊かさへの
近道なんです。

成功しても威張らない。これでますます人気者に

偉くなるほど威張る人がいます。
偉くなったら、威張っていいと
思っているのかもしれません。
でも、これは大きな間違い。
偉くなればなるほど、
支えてくれる人が多くなるのです。
つまり、偉くなればなるほど
「ありがたいなあ」と感謝の気持ちで
みんなに接しなくてはなりません。
偉い人がそんなふうに
接してくれたら、
ますますその人を
好きになっちゃいますよね。
「実るほど頭《こうべ》を垂れる稲穂かな」
なんて言います。
日本は稲穂の国、偉くなるほど、
感謝の気持ちをもつ。
これでますますあなたは人気者です！

column
はなゑさんから

一瞬一瞬が人生の岐路

人生の岐路というと、入学とか入社、結婚とか、一生のうち何回かある大きなことを想像しますが、決してそういうものばかりが岐路ではありません。

とくに大切なのは、今、目の前にいる人とのかかわりです。

思いやりのある言葉で話していますか？

愛のある笑顔でほほえんでいますか？

こんな小さなことが、少しずつ少しずつあなたを幸せなほうへ導いていきます。

なんの気なしに言ってしまった愛のない言葉、不機嫌な顔、そんな一つ一つが、あなたを不幸なほうへと導いてしまうので

す。

日常の一瞬一瞬の出来事をどうとらえるか、そして一瞬一瞬のあなたの行いで人生は変わっていきます。まさに一瞬一瞬が人生の岐路なのです。偶然はひとつもありません。

その大切さを知れば、大きな岐路に出会ったときも、自然に幸せの道を歩いているものです。

あなたの笑顔が幸せの道標《みちしるべ》です。

一人さんよりお知らせ

今度、私のお姉さんが千葉で「一人さんファンの集まるお店」（入場料500円）というのを始めました。

コーヒー無料でおかわり自由、おいしい“すいとん”も無料で食べられますよ。

もちろん、食べ物の持ち込みも歓迎ですよ。

みんなで楽しく、一日を過ごせるお店を目指しています。

とてもやさしいお姉さんですから、ぜひ、遊びに行ってください。

行き方：ＪＲ千葉駅から総武本線・成東駅下車、徒歩７分
住所：千葉県山武市和田353-2　電話：0475-82-4426
定休日：月・金
営業時間：午前10時～午後４時

一人さんファンの集まるお店

全国から一人さんファンの集まるお店があります。みんな一人さんの本の話をしたり、ＣＤの話をしたりして楽しいときを過ごしています。近くまで来たら、ぜひ、遊びに来てください。

ただし、申し訳ありませんが、一人さんの本を読むか、ＣＤを聞いてファンになった人しか入れません。

住所：東京都江戸川区松島3-6-2　１Ｆ　電話：03-3654-4949
営業時間：朝10時から夜６時まで。年中無休

各地の一人さんスポット

ひとりさん観音：瑞宝山　総林寺
住所：北海道河東郡上士幌町字上士幌東４線247番地
☎01564-2-2523
ついてる鳥居：最上三十三観音第二番　山寺千手院
住所：山形県山形市大字山寺4753　☎023-695-2845

斎藤一人さんの公式ホームページ

http://www.saitouhitori.jp/

一人さんが毎日あなたのために、ついてる言葉を、日替わりで載せてくれています。愛の詩も毎日更新されます。ときには、一人さんからのメッセージも入りますので、ぜひ、遊びに来てください。

お弟子さんたちの楽しい会

- **斎藤一人　大宇宙エネルギーの会――――会長　柴村恵美子**

  恵美子社長のブログ http://ameblo.jp/tuiteru-emiko/
  恵美子社長のツイッター http://twitter.com/shibamura_emiko
  ＰＣ http://www.tuiteru-emi.jp/ue/
  携帯 http://www.tuiteru-emi.jp/uei/

- **斎藤一人　感謝の会――――会長　遠藤忠夫**

  http://www.tadao-nobuyuki.com/

- **斎藤一人　天国言葉の会――――会長　舛岡はなゑ**

  http://www.kirakira-tsuyakohanae.info/

- **斎藤一人　人の幸せを願う会――――会長　宇野信行**

  http://www.tadao-nobuyuki.com/

- **斎藤一人　楽しい仁義の会――――会長　宮本真由美**

  http://www.lovelymayumi.info/

- **斎藤一人　今日はいい日だの会――――会長　千葉純一**

  http://www.chibatai.jp/

- **斎藤一人　ほめ道――――家元　みっちゃん先生**

  http://www.hitorisantominnagaiku.info/

- **斎藤一人　今日一日奉仕のつもりで働く会――――会長　芦川勝代**

  http://www.maachan.com

- **斎藤一人　全国美化の会――――会長　寺田本家 寺田啓佐**

  http://www.teradahonke.co.jp

- **斎藤一人　一人会――――会長　尾形幸弘**

  http://hitorikai.com

斎藤一人さんのプロフィール

斎藤一人さんは、銀座まるかん創設者で納税額日本一の実業家として知られています。

1993年から、納税額12年間連続ベスト10という日本新記録を打ち立て、累計納税額も、発表を終えた2004年までで、前人未到の合計173億円をおさめ、これも日本一です。

土地売却や株式公開などによる高額納税者が多い中、納税額はすべて事業所得によるものという異色の存在として注目されています。

土地・株式によるものを除けば、毎年、納税額日本一です。

また斎藤一人さんは、著作家としても、心の楽しさと、経済的豊かさを両立させるための著書を、何冊も出版されています。

主な著書に『眼力』『微差力』(以上、サンマーク出版)、『幸せの道』『地球が天国になる話』(以上、ロングセラーズ)、『変な人が書いた成功法則』(総合法令出版)、『千年たってもいい話』(マキノ出版)、『斎藤一人　500年たってもいい話』(PHP研究所)などがあります。

その他、多数すべてベストセラーになっています。

〈編集部注〉

読者の皆さまから、「一人さんの手がけた商品を取り扱いたいが、どこに資料請求していいかわかりません」という問合せが多数寄せられていますので、以下の資料請求先をお知らせしておきます。

フリーダイヤル　**0120-497-285**

[舛岡はなゑ事務所]

〒980-0021

宮城県仙台市青葉区本町1丁目4-15　アネックス本町ビル1階

☎022-216-0051

千葉県に
ひとりさん観音が…
できましたよ!!

合格祈願にぜひどうぞ!!

ひとりさんが親しくさせていただいている蔵元・
寺田本家の中に、ご好意で『ひとりさん観音』
をたててくれました。
朝8時から夕方5時までお参りできますよ。
近くまできたら、たずねて下さいね。
合格祈願・家内安全・良縁祈願・
恋愛成就に最適ですよ。
お賽銭はいりませんよ。

住所：千葉県香取郡
神崎町神崎本宿
1964
電話：0478(72)2221

観音参りした人だけ買えるお酒[4合びん／1522円(税込)]です。

ひとりさんの楽しいドライブコース
成田インターでおりて
20分
滑河観音
10分
蔵元・寺田本家
5分
喫茶「ゆうゆう」
20分
香取神宮
5分
佐原、香取インターで高速にのる
蔵元・寺田本家
・成田インターから車で25分
・JR下総神崎駅から徒歩20分
喫茶「ゆうゆう」
住所：千葉県香取郡神崎町大貫131-3
電話：0478(72)3403
定休日：木曜日

観音様までの楽しいマップ

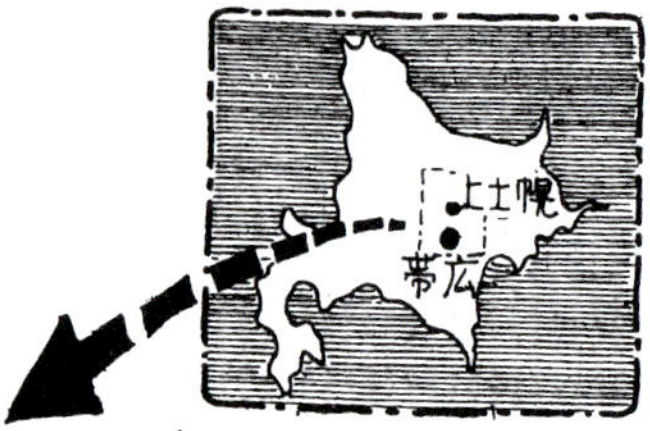

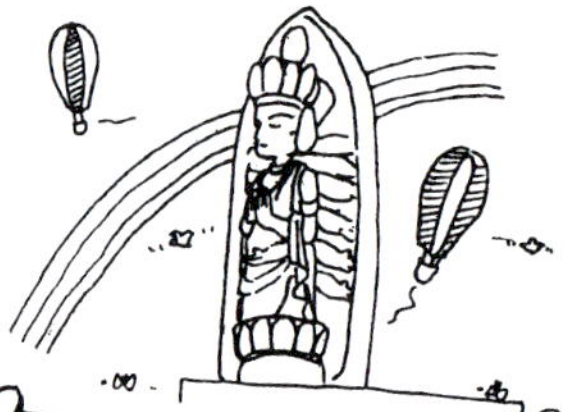

★観音様

ひとりさんの寄付により、夜になると
ライトアップして、観音様がオレンジ
色に浮かびあがり、幻想的です。

① 愛国←→幸福駅

『愛の国から幸福へ』この切符を
手にすると幸せを手にするといわれ、
スゴイ人気です。ここでとれるじゃがいも・
野菜・etcは幸せを呼ぶ食物かも!
特にとうもろこしのとれる季節には、
もぎたてをその場で茹でて売っている
こともあり、あまりのおいしさに
幸せを感じちゃいます

② 十勝ワイン(池田駅)

ひとりさんは、ワイン通といわれています
そのひとりさんが大好きな十勝ワイン
を売っている十勝ワイン城があります
★十勝はあずきが有名で『赤い宝石』
と呼ばれています。

③ 上士幌

上士幌町は柴村恵美子が生まれた町。
そしてバルーンの町で有名です。8月
上旬になると、全国からバルーンミスト
が大集合。様々な競技に腕を競い
合います。体験試乗もできます。
ひとりさんが、安全に楽しく気球
に乗れるようにと願いを込めて
観音様の手に気球をのせています。

④ ナイタイ高原

ナイタイ高原は、日本一広く大きい牧場
です。牛や馬、そして羊もたくさんいちゃうのヨ。
そこから見渡す景色は雄大で感動!!
の一言です。ひとりさんも好きなこの場所
は行ってみる価置あり。
牧場の一番てっぺんにはロッジがあり
ます(レストラン有)。そこで、ジンギスカン
焼肉・バーベキューをしながらビールを
飲むとオイシイヨ!とってもハッピーになれ
ちゃいます。それにソフトクリームがメチャ
オイシイ。2ケはいけちゃいますヨ。

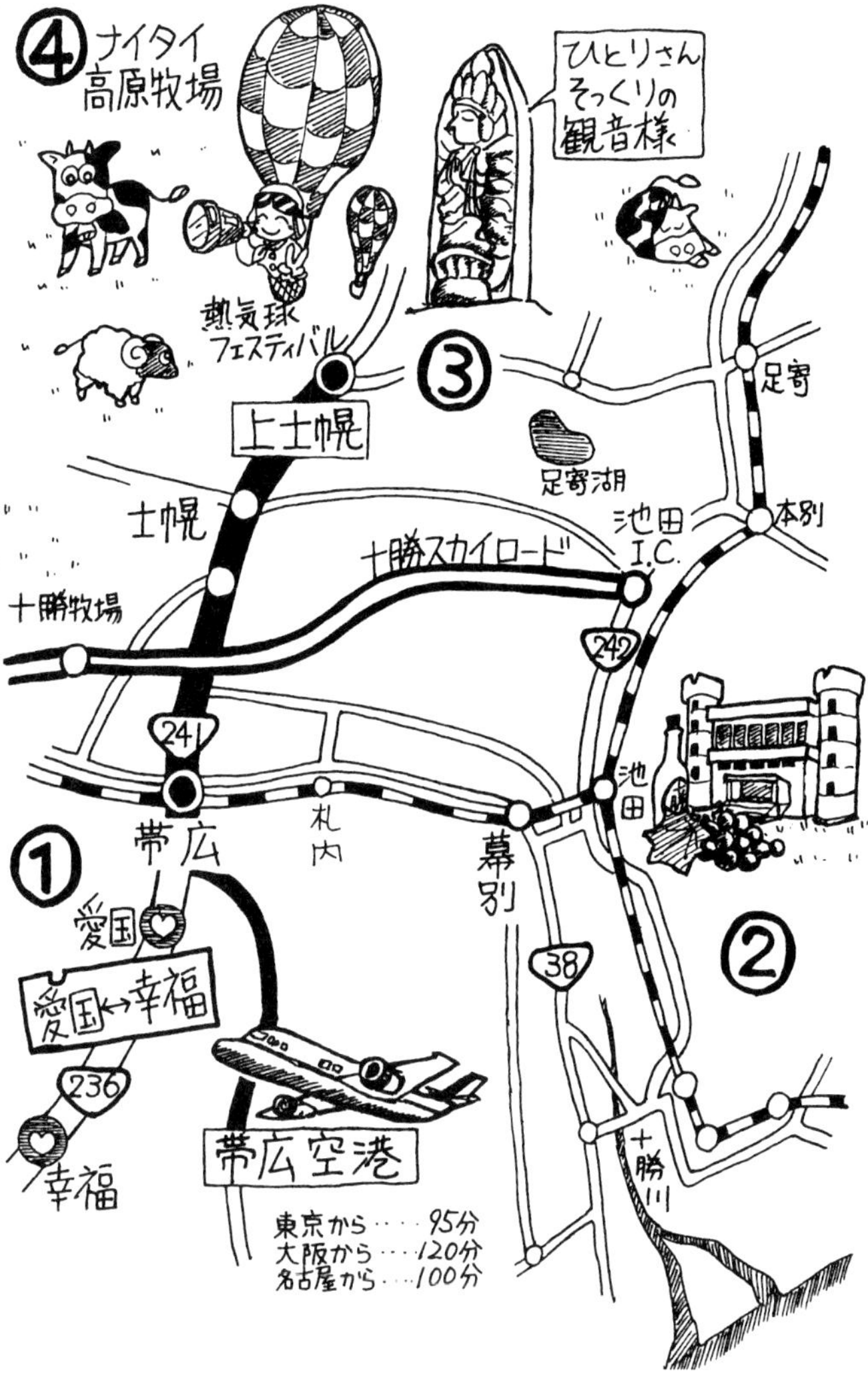

④ナイタイ
高原牧場
熱気球
フェスティバル
ひとりさん
そっくりの
観音様
③
上士幌
足寄
足寄湖
士幌
十勝スカイロード
池田
I.C.
本別
十勝牧場
242
241
帯広
札内
幕別
池田
①
愛国
愛国↔幸福
236
幸福
②
38
十勝川
帯広空港
東京から……95分
大阪から……120分
名古屋から……100分

著者●舛岡はなゑ（ますおか・はなえ）
東京都江戸川区生まれ。実業家。斎藤一人《ひとり》さんの弟子の一人。病院の臨床検査技師を経て、喫茶店「十夢想家《トムソーヤ》」を開く。この店は、斎藤さんと９人の弟子が出会った伝説の喫茶店として知られ、「銀座まるかん」の原点のひとつとされている。たまたま来店した斎藤さんから、「精神的な成功法則」と「実践的な成功法則」の両方を学び、女性実業家として大成功を収める。
東京都江戸川区の長者番付の常連。生き方アドバイザーとして、「開運メイク」のセミナーや講演などで活躍している。
著書に『斎藤一人 みるみる幸せをよぶ魔法の法則』『斎藤一人 幸せをよぶ魔法の言葉』『ハッピーラッキー 開運つやメイクと魔法の習慣』『斎藤一人 幸せをよぶ魔法の法則』（以上、PHP研究所）、『斎藤一人15分間ハッピーラッキー』（三笠書房）などがある。

イラスト●ひらいみも
神奈川県在住。イラストレーター。旅行会社を経て、８年間制作会社に勤務後、2000年よりフリーランスとして、絵を中心とした作家活動を始める。
http://www.asahi-net.or.jp/~pe4m-hri/

装丁　根本佐知子（Art of NOISE）
編集協力　中川いづみ

斎藤一人　人生も仕事も思いどおりにする魔法の法則

2011年11月１日　第１版第１刷発行
2012年５月21日　第１版第３刷発行

著　者　舛岡はなゑ
発行者　小林成彦
発行所　株式会社ＰＨＰ研究所
東京本部 〒102-8331 千代田区一番町21
文芸出版部 ☎03-3239-6256（編集）
普及一部 ☎03-3239-6233（販売）
京都本部 〒601-8411 京都市南区西九条北ノ内町11
PHP INTERFACE http://www.php.co.jp/

組　版　朝日メディアインターナショナル株式会社
印刷所
製本所　図書印刷株式会社

© Hanae Masuoka 2011 Printed in Japan
落丁・乱丁本の場合は弊社制作管理部（☎03-3239-6226）へご連絡下さい。
送料弊社負担にてお取り替えいたします。
ISBN978-4-569-80004-2